Noctis Labyrinthus

- Edidiones de otro mundo -

Colección: poieo, 2

El mar

María Ferreiro

EL MAR

————

MARÍA FERREIRO

NOCTIS LABYRINTHUS · EDICIONES DE OTRO MUNDO

Noctis Labyrinthus, colección: *poieo*, 2
Fotografía de la autora: Hugo Ortega Vázquez

Primera edición: 2016
Segunda edición: 2021
Tercera edición: 2024

© 2016, María Ferreiro
© 2016, *Noctis Labyrinthus*
Santander (España)
info@noctislabyrinthus.com
www.noctislabyrinthus.com

ISBN-13: 978-3981812923
ISBN-10: 3981812921
Depósito legal: SA 50-2024

Para el auténtico mar de Santander,
por ser el único verdadero aquí y allá,
pequeño y grande, junto a mí y articulado.

PREFACIO SOBRE LA NUEVA EDICIÓN

Confieso que no estoy satisfecha con este libro. En cierta manera, me avergüenzo de él. Y no es porque lo considere de poca calidad literaria. Publiqué mi segundo poemario el 4 de diciembre del 2016, fecha la cual parecería que auguraba mi decisión, justo un año después, de irme de Alemania para siempre y separarme.

Me causa malestar su nombre, su antigua portada y su contenido. Detrás de un título tan simple como *El mar* hay una historia más compleja. Una que tuvo su origen en el 2007 y que terminó oficialmente diez años después. Una por la que me mudé de país, cambié la salada costa del Cantábrico por la árida planicie de Renania. Por la que pretendí ser camaleón de mí misma, mas mi sangre nunca fue tan fría. Por la que aguanté mucho más de lo que dignamente es admisible.

Una noche fui a cenar a la vivienda de unos amigos en Santander que eran estudiantes procedentes de distintos lugares de Europa. Uno de ellos, italiano, celebraba su fiesta de despedida. Allí conocí a un alemán que era nuevo en España y estudiaba ingeniería y comercio internacional. Su nombre era raro y familiar a la vez: como el título de mi poemario, pero escrito todo junto y entonando la primera letra. De aquella yo llevaba cuatro años estudiando alemán, pero no sabía ni decir una frase completa (mucha teoría y falta de práctica). En un primer momento, no hubo ninguna conexión; es más, me incomodaba el hermetismo de su presencia. El tipo era impermeable, serio y opaco. Tampoco sabía decir una oración entera en español. Pero empezó a salir con nuestro grupo de amigos y comenzó a abrirse un poco, incluso conversábamos en ambos idiomas.

En aquel momento, yo estaba interesada en otra persona y había escrito la primera parte de los poemas de mi primer libro, *Dialéctica de ojos*. Pero la relación no funcionó y en este tiempo escribí la trágica segunda parte de dicho poemario. A pesar de ello, esta otra persona y yo quedamos como amigos y nuestra camaradería ha sobrevivido hasta el día de hoy. Quién me iba a decir entonces que acabaría casándome con el tímido y aparentemente *inofensivo* teutón que poco a poco se estaba ganando mi amistad, que acabaría encerrada años después en un pueblo de la Alemania profunda, sirviendo de mueble y complemento público decorativo, ignorada en toda mi esencia, presa de mí misma, y que todo terminaría en manos de unos abogados.

Pero volvamos al 2007 y 2008. Meses después de conocernos en aquella cena de amigos, comenzamos una relación a distancia. Él ya había vuelto a su país, a continuar con su carrera universitaria. Yo caminaba muchos amaneceres por las playas de mi ciudad, frente a la brisa marina, donde creé todos los poemas de este poemario, *El mar*: metáforas de las aguas y las lejanías, de aquello que me parecía tan palpable y resultó ser un reflejo sin fondo. A pesar de sentirse tan reales los versos de mi poemario, eran corrientes superficiales, resaca tras un fuerte oleaje que casi me quiebra en el acantilado.

Sin embargo, en ese momento no me daba cuenta. Él era visto con buenos ojos por mi familia y amigos, *un buen partido*. Yo me sentía orgullosa de satisfacer los gustos de mis cercanos. Era el *hombre* que toda madre desea tener de yerno: educado, estudiado, buenos modales, futuro y situación económica que prometían estabililldad. Y encima alemán, de un país tan *avanzado*. Un envoltorio preciosamente reluciente que toda madre confundiría con un caramelito. Estaba feliz de vivir en un modelo de pareja tan *idílico*. Pero por dentro no escondía dulzura: se contenía, reprimía la agresión y se mascaba la belicosidad.

En 2010 me mudé a su país, donde residí casi ocho años. Tal vez algún día cuente lo que viví en esa época. Tal vez surja un nuevo poemario con esas experiencias, una segunda parte de éste. Se llamaría: *El mal.*

Lo que sí sé es que, desde que regresé a España en 2018, ya no he querido volver a nombrar a la mar por su masculino nombre. Dejó de sonarme bonito y prefiero decirlo en femenino, o, simplemente, llamarlo océano. Hasta perdí las ganas de caminar por sus orillas.

Todos los poemas y reflexiones que a continuación se presentan son fruto de una fantasía. Este poemario es un libro de ficción, aunque yo no lo sabía cuando lo escribí. Cada vez que aparezca la expresión *el mar*, debe sustituirse ésta mentalmente por *el mal* y será mucho más fiel a la realidad. Léase con los pies aferrados a la orilla y el espíritu protegido de la bruma marina.

*Inicio del espejismo *

1

ECOS QUE BOSTEZAN EN LA MAÑANA DE ANOCHE

PREÁMBULO TRAS UNA
SOBREMESA DE FEBRERO

Es curioso. Los átomos embrionarios de la realidad ocultos en el aire, las voces que resonaron alzando su verdad, cuyos ecos navegan en tregua y copulan en las invisibles partículas: todo se topa en mi pensamiento. El impacto me abruma, y preciso de un lugar en mi alma y de un paseo con mi cuerpo para que penetre en mí espesamente el recuerdo. Sin embargo, y aunque conozca, la psique titubea cuando la exprimo y al punto el jugo comienza a salir sin grumos. Con los tropezones me topo, tropiezo una vez más y me demuestro a mí misma lo dura y deforme que puedo llegar a ser.

El caos me siembra de dudas, de miedos y semillas preñadas de tormentas. Me resguardo en la oscura cueva donde no veo del día su reflejo verde en siluetas, ni de la noche el cielo lunar y estrellado en mi añoranza por parlarme. Ahora solo siento ritmo y melodía que vibran desde mis pulmones y expulsa la nariz. ¿Respiro? No, decepción.

Es curioso, pero aún no soy y no me conozco. Solo sé que nací acordándome del pasado que ya no recuerdo, que las puertas que evocaban la mirada interior siguieron un tiempo abiertas hasta el umbral erigido con palabras, cuyo sesgo mi tierna cabeza todavía no alcanzaba.

Sé que sabía, pero no qué sabía. Maldita memoria. Si recordara en este momento, podría comprenderlo, pero no entonces, cuando mi intelecto estaba prácticamente sin estrenar junto a mi carne. Mis ojos se iban abriendo poco a poco mientras su esencia estaba brotadísima de experiencias inmutables e inauditas. Y a medida que los años van pasando, mis recuerdos esenciales se apagan y la sombra de otras vidas corpóreas va desapareciendo. Solo me queda suscitar el latido que la boca demande.

DESPERTAR

En el seno llano se recuestan cada noche las desenroscadas agujas tras tanta cucharada final con sabor a paronomástica miel.

La sucia fuente está rompiendo de brotar en su positivo extremo: agoto la sed, desclavo los tramos y ni aun así dejo de mirar las serenas, venenosas y paradójicas curvas.

Todo se repolariza a un palmo de tu signo y el entorno parece más efímero; pero queda algo que no se puede medir ni sugerir ni significar tras un cristal: la esencia entera que agrupas al otro lado de la córnea.

EL RÍO DE SIDDHARTHA

Siddhartha en ese correr,
en el desliz de las aguas,
al igual que la vida es
y la vida va y avanza,
dejóse allende absorber
sobre el altar de sus nalgas
hasta la huella que ya ayer
levitando se alejaba.

En su mente caló el ver
entre destellos y nadas
flujo volver, revolver,
que mezclándose expiraba,
e inspirar un renacer
que la corriente empujaba,
pues todo allí es uno a la vez
y no será si no nada.

RESURRECCIÓN

Un ángel del casi puro cielo,
(eterno, sin eco y sin lindes brotante)
inunda el apenas somne hielo
que dividía los mares distantes.

Un ángel, en cuyos ojos chispeados
me hundo hasta el son do cayó,
acerca a la Tierra rayos y llantos,
vaciando el pecho con la vieja canción.

Un ángel entre diablos caminando
parece desde abajo un tumulto,
mas, no visto andar más elevado,
sobre su espalda a su luz rindo culto.

En reposo, en el surco no alado
del que florecen cristalinos gestos,
armoniosos, serenos y cálidos,
halla el saber la pasión en sus versos
y el sentir la razón tras cada acento
del parlante latir, al torso aliado.
Y forjados, mas a falta del beso,

y fundidos, pero antaño sorteados,
en terreno mortal ya está sellado
el sentimiento celestial a fuego.

RESACA ENTRE LOS DIENTES

Es lo que estará
sellado sobre la piel,
brotado en espiral
entre los tres:
sed tuya, mía
y de la holgura
que nos ahoga al filo
de las orillas.

REFLEJO DEL MAR

Iris que abraza
el anillo estriado,
fulgor del agua,
luz del cielo raso.

Gotas que calan
en el alma al mirar,
resaca que arrastra
consigo el mar.

A LA VELA DE VENUS

¡Ojo amante
no parpadeante!
Entre el manto,
sol abrigado,
¡salpica el mar!

Mil pupilas más,
mas con su ardor
no miran a nos.

TE PIENSO

Complemento de mi existir
mas no su suplemento,
al que directo tiende a ir
el más hondo pensamiento.

En ti no reposa el cristal
que proyecta mi deseo,
fugaz, congelado disfraz,
no me deslumbra: te veo.

ALMAS SINÓNIMAS

Si el oficio de las palabras
es figurar lo que es,
al intentar describir el alma,
¿cómo alcanzar a poder?

Ni bien trabajando forzadas,
ni mal tallando efigies
con vestigios de mano humana
de la obra inconcebible;
ni bien fecundando baladas
que torneen en la mente,
ni germinando en las entrañas
alumbrarían un ente:
tal y como un cuerpo
aspira a su ánima,
ansían mis verbos
penetrar tu coraza.

PANFILÓS

El escorzo de dulces chispas,
de ángulos y trazos rollizos:
transversal a la naos divina,
longitudinal al camino,
anclando venas
en el períptero castillo
de línea efímera
y tacto y culto infinito;
en los lienzos sombras matiza
sobre el horror vacui del cariño,
asoma tras el fértil día
la noche cargada de hechizos.

II

SI LAS MIRADAS MATASEN, MORIRÍA DE AMOR

SUICIDIO VIVIENTE

El suicidio viviente es el remedio para no te-
ner conciencia de la ausencia, para paliar la
frecuencia de los ataques, pero como efecto se-
cundario tiene la desorientación y la sensación
de «por qué este bajón de repente». La pereza
por la vida y la pérdida de ilusión y espectativas
son otros de los efectos que pueden manifes-
tarse. ¿Es mejor el remedio o la enfermedad?

Necesito un remedio para este remedio.

¿Qué remedio me queda más que el que me
mata? Silencio: ¡haz ruido! Que no quiero des-
pertar de este mudo acelerar sin pedales.

Si el mundo me da la espalda, yo me tumbo a su
costado. Es más fácil ahora, más que volverme
yo misma de nuevo. Ya no sé ni quién en reali-
dad soy, a pesar de conocerme, o, más bien, de
acostarme con mi potencial. Ésa es tan solo una
relación temporal y superficial, un romance
nada serio. Ahora comprendo mejor los mie-

dos y temores del «nervio hermanado ya sin sangre en las venas más que la del espíritu de su género en mí». La diferencia es que yo soy mi destino, no puedo huir más. Y el problema es que no sé cómo afrontarlo, o mejor dicho, no tengo ganas de reflexionar un plan, y hasta que no lo haga, aquí seguiré, en este mudo acelerar sin pedales sobre el que duermo sin sueños.

La desgana es el remedio que me suicida.

EL MAR MUERTO

Cual instante que actualiza
el temblor en el tímpano,
tras el fulgor cuando estira
húmedas bocas a un ritmo.

Cual época clandestina
bajo un efímero abrigo
en que el mar o la vida
refleja sobre sí el ciclo:
inquietante tumulto
en tropel agitado,
empujando los nudos
en las cuerdas tensados.

Cual blanquecino alarido
entre la baba empujado
al ceñirse al oído
el cuello ahogado.

Cual fugaz poro afligido
propulsa su intervalo
y en decreciente alivio

de alusión desterrado:
inquietante tumulto
en tropel agitado,
empujando los nudos
en las cuerdas tensados.

Tal es la soledad;
tal su inmensidad.

TRAS DE MÍ

La pluma con que marco
en un intento, que el aire exhala,
por toser desde mi alma
los átomos que, aún parvos,
habitan y mueven montañas,
seducen y reproducen lagos;
la chispa que prendo y ocupo
en un vuelco de las tripas
por donde asaltando una alegría
arden venas y surcos,
si, al no inundar melancolía,
exclamo el brusco susto;
la pesantez del cariño esclavo
del interno grito que destierra,
alarido que encadena
ecos de amor ignorados,
golpes sordos que el ritmo aceleran
del violín, cuyas notas son años
(y cuyas cadencias desamparos):
expresa, desvela, cuelga...

EMPAPADOS

En la jornada
de sombras punzantes
que tras erguirse se entrelazan,
marean y suben y bajan
bañando de plata
y poblando de yermo
el pluriforme escenario
donde el cielo se traza,
en que brotaron del mundo
los frutos y las ramas;
en la velada
donde el cielo estampa
las olas expiradas
en resaca:
cada chispa de ti y de mí
igual se ciñe en el agua.

AMOR A SIMPLE VISTA ES AMOR

Hay dos gotas que congeladas
flamean la fuerza en ellas cautiva
y humedecen otras fuentes heladas
que claman por calar su energía.

Esas chispas que son estampas
de estancias despiertas en armonía
clavándose tras la distancia
arden erguidas.

Y del agua prenden
y creciendo empapan
la piel y el aire y la sintonía,
prende nuestra mirada,
hace el amor a simple vista.

PAISAJE HUMANO

Si no pliegas con la rosada escama,
afilada por diez mil flechas de oro al sol,
el aro excelso que en la eternidad acaba
y no tiene inicio como el cielo de Dios,
sobre el mar reflectante camino dorada
por el arco del iris rodeando el cañón,
y si tanta luz me conmueve y exalta,
reposa el fervor en el teatro inferior
que grácil también me acoge y abraza
tras visitar tu verdad superior.

LA VIDA TRAS UNA FOTO

Solo es algún mal menor...
pues a instantes
la eternidad esposo
y así profundamente
desde el sudor lo esbozo.

Hermoso es quien lee
y apunta los trazos bastos,
con ellos en su libreta
dibuja un grácil grabado,
aguando las legañas y las grietas.

SON ANIMALES...

Pero aquellos en la misma piedra
tan solo una vez se detienen,
y otras bestias de errar ostentan
sin cantos pero a tono el doble,
dando el redoble,
secando sus perlas
al cubrirse de flores.

A LAS DURAS Y A LAS MADURAS
GERMINA EL FOLLAJE

Perenne entre madreselvas
de tu nula palabra,
has brotado en mi córnea
de la lluvia marchita
y a casi cada tiempo,
a un compás de mi sábana,
coses con espuelas
la savia absorbida.

Ya en rama entroncada
su pulpa sedienta
tronca el vahído:
robusto águila
cuya boa del ancho pico
en mis labios se alimenta
e hinca plumas sangradas
en las lechosas pestañas:

al fin encarnizas del frío,
en cálida agitación,
el cuero del látigo

en continuo reascenso,
arrebatándome, maestro mío,
la piel a garras, cazador,
alargado y crujiente mi tronco
a gotas del cierzo.

AL FIN ES AZUL

Donde cielo y mar se funden,
no cabe horizonte:
sin ápice que crucen
ni vaho que evapore,
doquier calza la cumbre
libre en mis rincones,
al distinguir entre azules
tus celestes fulgores.

III

VIAJANDO SIEMPRE CONMIGO EN EL TIEMPO

SINCRONÍA

Silencio tronador, corazón desorbitado; la verdad platónica se desvela enmudeciendo entre paralelas.

Cada línea de tiempo significa aquella puerta de engarces bisilábicos, binarios, bipolares tallados en clave de sí o de no. En esta doble dimensión existe una velocidad en el ritmo con que lo absoluto, en relativo baile, se mueve y se potencia y se olvida de sus pasos.

Y el paso del tiempo significa una elipse casi perfecta donde en dos ocasiones, longitudinales en sus extremos, se dista más del núcleo y revolotea fugaz el desorden. El origen, sombra de la alfa, puntea la de la esbelta omega. ¿Fin último o nuevo principio? Cada cuerpo y mente es un ciclo completo, cada eslavón un alma. Todo rueda y sin embargo deja un inédito rastro: hasta los átomos revueltos están alguna vez de vuelta en un espacio casi desconocido.

QUIEN JUEGA CON FUEGO ROMPE EL HIELO

Dónde voy no lo sé;
dónde quedaré,
hacia dónde partí.
Solo siento de mi tez,
inflamante una vez,
la bocanada gris
que escupe tu jugo;
así me conjugo
y así te broté:
sobre ti fluctué,
te derretiste en mí.

SOLIDIFICACIÓN DE SUSPIROS Y EVAPORIZACIÓN DEL ALIENTO

Nota qué vertió un día
alivio de cortezas sobadas,
mil periodos cautiva
hoy de olas se encalla:
piedra ascua.

Enjuaga viejo tiento
que ahoga sueños y mezcla
por el timbre del viento
filo y rocío de madera:
nube helada.

Y cada lágrima de uno y otro
recorre tan vastos paisajes
por abordarse en tierra y aire:
marinas miradas.

MÁS LISTO QUE EL HAMBRE

Devorada junto al estómago caliente
y colmado,
tragada al ala del labio secado,
mordisqueado,
mi entraña en tu entraña has tomado
y desatado,
no calmo mi frío mas sí mi vientre.

A TREINTA LUNAS

Aires de libertad
de tiznes calzados
asomando lejos,
antes que al pisar
por un corriente caño
no se asfixie el seso.

Llama al exterior, todo prende fuera...
aquí dentro cada peso se ha quemado.

CALDARIUM

Caza, en lágrima, la resaca
de alrededor y del amanecer
anterior.

Raja, de ella, cada capa
verdadera con la letra
del sudor.

Mas y sin grafía,
y solo en esta sopa,
apunta tu retina
a todas las gotas.

ROZA

Aquí no es mi dónde,
y no es por ser aquí,
pero siempre estuve ahí
hasta que partí,
y todo en orden.

Los ritos que maduran
duran por el caos,
marchan.

Doquier tú, aquí,
y aquí ya es mi por qué,
porque contigo siempre fue,
es y será por ti.

IV

PERMANECIENDO SOLO DE VEZ EN CUANDO

LA CONSTANTE DEL COSMOS

Al igual que la carne, la energía solo puede mudarse, nunca consumirse.

Cuando añoramos, cuando esperamos, ¿dónde quedan entonces nuestras ansias? ¿Nos abandonan, acechan volando los rincones pensados, o alimentan la materia arribada?

LA FOTO QUE JAMÁS FUE

Entre guías vírgenes ya calzadas,
con su verde a punto de despuntar,
bajo libres caricias que resbalaban
por los picos y sombras al circular:
desembocados había a mares
quilates de naranjas
y naranjas de quilates
al ras fraguadas;
y el sol al oeste,
velando la garganta,
con una pluma celeste
calcó aquella estampa.

¿Dónde quedó,
dónde faltó?
Solo sé que caminábamos los dos.

NOVIEMBRE ESTELAR CON LOS ÁNGELES DEL ABISMO

Torno del sol
que hipnotiza la luna,
y ésta que, cara a cara,
vislumbrando el mechón
(rama brillante de la cuna
sobre que mecemos el calor),
llueve al semblante
la resaca
y llora de los ángeles
las guirnaldas:
al lecho ambos dan alcance,
ambos escalan por la sangre
y en cinco vueltas de piñón
engranan albor y tarde.

LAGUNA

Pereza; si por mí fuera,
sería mis ganas.
Todavía velando espera
sobre el planear
de mi bostezo.
Aquí me aprieta
de pies a cuello.
¿Qué puedo hacer
aparte de todo y nada?

Silencio; sería, por mí,
mi palabra.
Aún permanece sutil
en la punta de mi lengua.
De ahí sobre el hígado
hasta las ojeras
se cuelga.
¿Y qué más decir
que no decir nada?

Soledad; sería doblemente soledad.
Soledad abandonada hasta ahora.

Soledad prohibida a partir de ahora.
Pues, ¿quién puede ser, sino nadie, quien a nadie asola?

PARA SONAR

Cada máscara donde ha de ser,
sujetando cuerpos secos
como los papeles
que, a falta de perder,
domicilian sus cabellos
en los carteles;
mas al oir: "¿por qué?"
se escucha su eco,
pues persona entona
per sonare:
per facere
no hay genio.

EN CLAVE DE RE

Si cuando boto, voto en negro,
me alegro de errar
y de nuevo crear,
y de no herrar
y recrearme en el hierro.

Si al rebelarme, revelo mi aliento,
no me arrepiento
de lo que he hecho,
pues no te echo
sino de menos,
y no está de más
resaltar al saltar.

INDIVISIBLE

Enferma de amor
no es la buena expresión,
sino ebria de los pequeños átomos
que concuerdan los tramos
de donde el cielo es eterno
y nos despiertan del sueño
para sentir sin sentidos.

Mi alma alberga
y traduce la mano
invenciones de seres humanos
que sin voz gruñen su huella,
trabando los semitonos
en la fina cadencia.

Quisiera vivir
a ti dedicada,
devolver al universo las estrellas
que comparten nuestro reflejo,
cubriendo ante las muelas
cada agujero negro,
¡calmar con una caricia las enanas blancas!

Y al ceñir
colapsar la grandeza
de este caos nuestro.

Añoro tu pulso,
tu luz, tu vapor;
con cada oscilación
mi palpitación difundo
por diez millardos
alrededor de tu núcleo.

Y aunque el horizonte
de la arcada nos brote
y pretenda chispar la conciencia,
siento el espacio como la potencia
que tiende a excitar el roce,
que desata la tiroides
y nos toca entre las cuerdas.

DICIEMBRE CÓSMICO DE LOS DRAGONES DEL EDÉN

Un año ha debido pasar
desde el origen del tiempo,
y un solo segundo
se alzó Roma sobre el mundo,
pero tras tres momentos
la caída aún no fue universal.
Y nosotros iracundos
parcos minutos erectos.

V

VELOCIDAD EN EL RITMO
CON QUE LO ABSOLUTO,
EN RELATIVO BAILE, SE MUEVE
Y SE POTENCIA Y SE OLVIDA
DE SUS PASOS

SOÑARLO DESPIERTA

Todas las puertas están en mí y, a medida que las abro y las cierro, obtengo un nuevo espacio de dimensiones vírgenes y bloqueo la salida comprimiéndome entre seis superficies.

Cuanto más siento, más vivo a pesar de que en mí prospere la tristeza y me haga feliz como a una boba; si más hablo, esclava de mis palabras me proclamo aunque intente liberarme con el arma de versos poderosos. Sin embargo, si callo para no colgar de mis dictados y no gesticulo por evitar el dolor, es cuando el tiempo me parecería absoluto, si no fuera porque no hallo la paz; es entonces cuando no existe el espacio entre lo que no soy y lo que quiero llegar a ser, entre el ayer y el hoy: sin hueco para el paso de mañana, sin rumbo, ni ritmo ni circunstancias.

SH 2 OH

De nuevo el tono del silencio
yugula su yugo,
desde la raíz se arranca
con bocado por alarma
entre los axones silentes.

Con la mayúscula del silencio
por sirena,
con *ese* de sordomuda y *siega*,
apenas ciega la diferencia
entre qué es aquí y qué es fuera.

Lejos del punto de fuga
ya no anida el nudo que desnuda
qué pasa por la oreja
y qué de ello es ruido,
sin otra orquesta que aquella
de los días transcurridos sin sentidos,
con un ultrasonido
entre las púas de tus hebras
al respirar.

CÍRCULO VICIOSO

En la esfera del reloj
se fluye menos deprisa
cuanto más lejos de la zona cero,
crónico foco de deseos
que llegan y van y viran
a correr su dimensión.

De ida y vueltas perfilada,
corta en punto el puntero
la hipérbola de tus mejillas
en son de mi sonrisa
de asíntotas cincelada.

KALTER SÜDEN

Al sur templa el horizonte
que en viento norte
centellaba las pupilas
y en la retina engullida
la llamarada de la brújula
se escarcha cuanto más cerca
de la austral púrpura.

FUENTE NOCTURNA

Emanas de raíz:
doy a luz cada tarde
la primitiva pasión
engendrada en la sombra selénica.

Trepas en mi ley:
cada nuevo sol atañes
la curva de más de setecientos nanómetros
sobre mi ego.

NA WEITER

A la nana de mi mente
no oso ahuyentar,
muy a pesar de la luna aullada,
muy a pesar del sol ayunado,
del suelo allanado.

¿Qué dice el de dentro?
Su grito cosquillea mi cuello,
mas no hablo ni engullo
y mi letra yugulo.

MÁS PAJA QUE GRANO

Más pesa el metal
y tiñe las engranadas pestañas
de la corteza prefrontal,
sellando entre telarañas
el ácido de la piel de naranja,
naufragado en la franja
de la red neuronal.

7:00

Si a estas horas busco atajo
al latir de tus orillas,
barro vía que pasando
despega tu melodía:
la de mis zapatos
al huir de la contaminación lumínica,
la de mi frente arrimando
los rodados párpados
a las orillas
de los tejados más altos.

Ese atisbo que encrudece el sueño,
que humedece los sueños,
que corre a Marte y a Selene:
ese celeste soñar despiertos
fecunda el primer fulgor
en que se hunde
el flujo de mi Osa Menor.

ELMAR

Siempre nostálgica por el mar:
aquí o allá,
mayúsculo o grande,
junto o articulado,
a mis arterias eterno caudal
hundido en el aire,
fuente donde ser inspirada
a volar un vendaval
con el pecho de aletas libradas.

MAÑANA VI EL MAR

Anoche vi solo la sombra de tu grandeza. Cuando me urgieron tus brazos, sentí la alegría de ver que no resides ni en el tiempo ni en el espacio.

Te echo de menos desde antes de conocerte; guardaba un foso en mi interior jamás llenado hasta que en cierto momento me olvidé de él y tú me lo recordaste: el día que te fuiste al norte, en el verano. Hasta aquel amanecer fuiste tan sigiloso y preciso que no me di cuenta de que estabas hasta no poder mirar más el mar de la tranquilidad ni nadar en él, hasta no sentir la sal. Quizá por eso, cuando me recorre el tumulto del silencio, camino por la bahía y me siento a sentir su susurro.

En gesto marino vibran los átomos de la verdad que ni siquiera el arte es capaz de reproducir ni el mutismo amansar su impacto. Lo que quisiera decirte es más grande y pequeño a la vez que lo que transmiten los hijos de cualquier inspiración. A través de tus ojos y los míos navega hasta los sentidos, fluyendo entre casi una docena de pliegues al calor de los astros por doquier. Quiero descubrir ese gran espacio que alberga, del que procedemos y al que partimos, que nos pertenece y al que pertenecemos, el cual añoramos... Y tal vez a raíz de eso, para sentirme más cercana a la verdad, miro al cielo de noche y fijo la mirada en las enormes estrellas y en el ínfimo infinito.

Anoche vi tan solo una pequeña sombra al mirar fijamente en el brillo interno, al concentrarme en las formas y no en la vana sustancia que murmura abajo, en esta tierra colosal e insignificante. Conté la grandeza escondida tras la niebla que acoge tantas luces punzantes y chispeantes a simple vista. Acoges los ojos simples a menudo y que en ocasiones tropiezan con menudos tremendos detalles.

El mar, penetras en mí y yo en ti: bajo la piel las sombras evaden un silencioso recuerdo.

SOBRE EL POEMARIO

En el bienio del 2007 al 2009, me precipito desde los cristalinos amaneceres santanderinos hasta el *ápeiron* del romance que no conoce ni el tiempo ni el espacio. En este contexto surge *El mar*, de forma contraria a cómo brota Dialéctica de ojos: de una amistad al amor.

Tras la predestinada necesidad de conciliar el sueño, solo quedan ganas de volverse a alzar, la voz quiere encontrar su espacio: *Ecos que bostezan en la mañana de anoche* es la resonancia de una vieja amistad de días y noches hombro con hombro, de madrugadas debativas en la bahía de Santander, cuyo tono acompasa, como remasterizado, la frecuencia cardiaca con la que se va elevando.

Otras melodías, azules, se respiran saladas, frescas, resplandecientes y sutilmente húmedas; entre ola y ola se entrevé el paisaje marítimo. Pero, ¿por qué de repente tanto mar? La respuesta está en el nombre del protagonista, homónimo del mar. Y, por supuesto, existe una enorme trinidad en esta historia: la fuerte vinculación al escenario, Santander, donde no solamente nos conocimos, sino de la que también nos enamoramos al compás de enamorarnos.

Pero únicamente yo me quedo en Santander. Él vuelve a Alemania, desde donde seguimos juntos. *Si las miradas matasen, moriría de amor* recoge ese inicio en la relativa lejanía y lo agridulce del aire divisorio. No se trata de estar en un lugar u otro, sino de equivaler la distancia material a la inmaterial.

Un poco más abajo, en un lugar sombrío, *Viajando conmigo siempre en el tiempo y permaneciendo tan solo de vez en cuando*. La distancia hace estragos, exalta el mordisco de los elementos, la urgencia de los astros por alcanzar el ciclo, la pereza por dejarse llevar. El verso en *Laguna* «¿quién puede ser, sino nadie, quien a nadie asola?» personifica lo absurdo del sentimiento de dejadeza, pues la motivación ha de salir de uno mismo y no de las expectativas de otro.

La desgana se transforma en queja sobre la propia actitud, queja sobre la queja; ésta da un grácil giro en el poema *En clave de re*, cuyos versos se transforman en un simpático grito de añoranza. Al final del capítulo, el mensaje cambia al polo positivo. La distancia, como prueba, superada.

Velocidad en el ritmo con que lo absoluto, en relativo baile, se mueve y se potencia y se olvida de sus pasos es el último capítulo desde la residencia santanderina. El tono es entusiasta y púrpura, las metáforas son más metafísicas que nunca. En *Círculo vicioso* corremos junto a la velocidad periférica en la esfera del reloj, la cual disminuye a medida que nos alejamos de su centro, arranque de las agujas a rodar. Las esperas son ciclos cerrados y, aunque se hacen eternas hasta acariciar el punto deseado, se sobrellevan si concluyen con un redondo beso.

Los temas agua y tiempo son más presentes que nunca en este capítulo, influída por los muchos amaneceres a la orilla de la playa escribiendo sobre la relativa velocidad de un instante y lo estrecha que es su sección en el espacio; igual de cercana me siento, aunque ni siquiera orilla con orilla, de *Elmar,* nombre éste también del último poema, leído como se quiera: «el mar» o «Élmar». Al fin y al cabo, la imagen no importa y la distancia es invisible, cuando un nombre significa tanto y se pronuncia desde tan profundo hálito.

Fin del espejismo

SOBRE LA AUTORA

Nací con el pseudónimo de **María Ferreiro** y ya me conoces si has leído y vivido *Dialéctica de ojos* o si has visitado mi página web. Sabes que soy española, de Santander, que mi padre nació en la provincia de Lugo, que me siento medio cántabra, medio gallega, muy extranjera y mucho extranjera; que residí desde el 2010 hasta el 2018 en Alemania y que mi corazón late por México. Sabes que renací bajo el nombre de **Arim Atzin** en el 2020. Sabes que soy cocreadora de la editorial en la que está publicado este libro, **Noctis Labyrinthus**. Pero sabes mucho más que eso de mí: *wie ich ticke*, es decir, cómo hago tic: cuál es el ritmo de mi reloj, el pulso de mi pensamiento, el aire que dejo entre un latido y otro.

Si me has leído hasta aquí, habrás descubierto una nueva historia que mucho tiene que ver con la primera; *El mar* refleja la época previa a mi mudanza a tierras teutonas, mientras que *Dialéctica de ojos* ocurre en un intervalo todavía anterior y posterior a mi emigración. Curiosamente, y aunque llevaba desde el año 2003 estudiando alemán, nunca pensé que realmente emigraría hasta que conocí a Elmar Pohl, quien se haría pasar por mi amigo, para después convertirse en mi pareja, más tarde en mi marido y finalmente evolucionar a, simplemente, mi ex. Lo que de verdad no fui capaz de intuir del todo, mientras escribía los poemas de este libro, es cuánto echaría de menos el mar, el auténtico mar santanderino, durante mis años de residencia en el extranjero.

Sabes que escribo por cubrir un espacio. Un instinto súbitamente concebido me representa al imprimir la tinta en el papel, las letras en piedra, donde cada estrenada palabra es un misterio aconteciendo ante mí. No pienso, luego escribo: siento, luego existo. Semanas después, soy capaz de resolver los argumentos y su prematura madurez.

Sin ser expulsados de mí, sin la autónoma expansión externa de su secreto gérmen, yo no sería yo; inmóvil carga latente esperando ser fecundada para descubrirse. Sabes que enamorada es cuando más necesito escribir, alejada por la ráfaga interna sin reproducir dentro del cuerpo; contra la hoja la cohabito, a latigazos o a azucarazo limpio, densificada en el vapor de mis uñas o irradiada por fusión cordial; la ocupo, donde todo lo que no es blanco es teñido de pasión: armónico encadenamiento de pulsaciones, panorámico lucero con voluptuosa forma.

Necesito escribir tanto como el amar, el sentir, el latir. De eso seguro ya te habías dado cuenta. Y no solo sé latir por las personas: la musa también puede ser un lugar o expresión, arte o el cosmos. La musa es espacio y es tiempo. La musa que me realmente me enamoró e inspiró este poemario fue, sencillamente, el mar.

ÍNDICE

VELOCIDAD EN EL RITMOCON QUE LO ABSOLUTO, EN RELATIVO BAILE, SE MUEVE Y SE POTENCIA Y SE OLVIDA DE SUS PASOS

OTROS TÍTULOS PUBLICADOS

Colección poieo de poesía:

- DIALÉCTICA DE OJOS (MARÍA FERREIRO / ARIM ATZIN)
- EL MAL (NACIDO) (MARÍA FERREIRO / ARIM ATZIN)
- AREOGRAFÍA (RAÚL FERNÁNDEZ COBOS)
- ETÉREA (CYNTHIA SABINA)
- ANTES DE CRUZAR EL PIÉLAGO (HUGO ORTEGA VÁZQUEZ)

Colección theasthai de teatro:

- CURADO DE PIÑÓN PARA ALIVIAR EL CORAZÓN. SÁTIRA PARA DÍA DE MUERTOS (HUGO ORTEGA VÁZQUEZ)

Colección gignosko de autoconocimiento:

- MI LUNARIO MENSTRUAL. REGISTRO DE MENSTRUACIÓN CONSCIENTE Y CALENDARIO MENSTRUAL (MARÍA FERREIRO / ARIM ATZIN)
- EMBARAZARTE. CÓMO CONCEBIR Y VIVIR UN EMBARAZO CONSCIENTE (NURIA ARAGÓN CASTRO)
- ALUMBRARTE. CONSEJOS PARA UN PARTO Y POSTPARTO CONSCIENTES (NURIA ARAGÓN CASTRO)
- AMAMANTARTE CON AMOR. LACTANCIA MATERNA CONSCIENTE (NURIA ARAGÓN CASTRO)

el mar
(nacido)

maría ferreiro
(arim atzin)

colección poeio
poesía

EL MAL (NACIDO), DE MARÍA FERREIRO (ARIM ATZIN): LA SEGUNDA PARTE DE EL MAR

Siempre me había preguntado cómo surge la maldad hasta que leí en orden las páginas de este poemario. La oscuridad de más de una década ha sido la antimusa que me ha espirado cada verso, cada poema, cada capítulo.

En este libro he vertido todas mis sombras. *El mal (nacido)* puede considerarse una anticreación muy necesaria y trascendental en la que me expreso sin represión ni vergüenza; asustará a muchos, mas no dejará indiferente a nadie.

NOCTIS LABYRINTHUS · EDICIONES DE OTRO MUNDO